HEBRÄISCH LERNEN:
Das Alphabet

Übungsbuch für Anfänger

Hebräisch lernen: Das Alphabet – Übungsbuch für Anfänger

Alle Rechte vorbehalten. Durch den Kauf dieses Übungsbuchs darf der Käufer die Übungsblätter nur für den persönlichen Gebrauch und den Unterricht, jedoch nicht für den kommerziellen Weiterverkauf kopieren. Mit Ausnahme der oben genannten Bestimmungen darf dieses Übungsbuch ohne schriftliche Genehmigung des Herausgebers weder ganz noch teilweise in irgendeiner Weise reproduziert werden.

Bible Pathway Adventures® ist eine Marke von BPA Publishing Ltd.

ISBN: 978-1-98-858553-6

Autor: Pip Reid
Kreativdirektor: Curtis Reid
Lektorat: Marco und Sonja Röder

Ein besonderer Dank gilt Hulda Dauid von Her Royal Roots für ihren Beitrag zu diesem Buch. Erfahren Sie mehr über Her Royal Roots unter www.herroyalroots.com

Für kostenlose Bibelmaterialien und Lehrerpakete mit Malvorlagen, Arbeitsblätter, Quizfragen und mehr besuchen Sie unsere Website unter:

shop.biblepathwayadventures.com

Einführung

Mit unserem interaktiven Übungsbuch macht es Spaß Ihren Kindern das hebräische Alphabet beizubringen: *Hebräisch lernen: Das Alphabet für Anfänger*. Unser Übungsbuch ist vollgepackt mit lustigen Arbeitsblättern und einer praktischen Tabelle zum hebräischen Alphabet. Es soll Lehrern wie Ihnen dabei helfen, Kindern die Grundlagen des hebräischen Alphabets beizubringen und ihnen gleichzeitig einen Einblick in den Alltag der Hebräer zu verschaffen. Die perfekte Lehrgrundlage für Hauslehrer, Sabbat-Lehrer und Eltern.

Um Ihnen zu zeigen, wie jeder Buchstabe von den Hebräern verstanden wurde, haben wir 22 Malübungen und kurze Erklärungen beigefügt. Außerdem gibt es viele Möglichkeiten für Ihre Kinder, das Gelernte zu wiederholen. Kinder, die mit der hebräischen Sprache konfrontiert werden, besonders diejenigen, die mehr über die Thora lernen, werden ein größeres biblisches Verständnis und eine tiefere Liebe zu den Menschen der Bibel erlangen.

Bible Pathway Adventures hilft Pädagogen und Eltern, Kindern auf spielerische und kreative Weise den biblischen Glauben beizubringen. Dies geschieht über unsere Bilderbücher, Lehrerpakete und Übungsbücher zum Ausdrucken, die auf unserer Website zum Download zur Verfügung stehen.
www.biblepathwayadventures.com

Die Suche nach der Wahrheit macht mehr Spaß,
als in Traditionen zu verharren!

Inhaltsverzeichnis

Einführung 3

Tabelle zum hebräischen Alphabet 5
Zeitreisende der Thora 6
Schon gewusst? 7
Alef 8
Bet 10
Gimel 12
Daleth 14
He 16
Waw 18
Zajin 20
Chet 22
Tet 24
Jod 26
Kaph 28
Lamed 30
Mem 32
Nun 34
Samech 36
Ayin 38
Pe 40
Tzade 42
Qoph 44
Resch 46
Schin 48
Taw 50

Weitere Übungsbücher entdecken! 52

Das Hebräische Alphabet

	Modern	Paläo	Piktogramm
Alef	א	𐤀	🐂
Bet	ב	𐤁	⌂
Gimel	ג	𐤂	⌐
Daleth	ד	𐤃	⛿
He	ה	𐤄	⚦
Waw	ו	𐤅	Y
Zajin	ז	𐤆	⛨
Chet	ח	𐤇	⊞
Tet	ט	⊗	⊗
Yod	י	𐤉	⤴
Kaph	כ	𐤊	⊔
Lamed	ל	𐤋	⌒
Mem	מ	𐤌	∿
Nun	נ	𐤍	⌇
Samech	ס	𐤎	⋕
Ayin	ע	O	◎
Pe	פ	𐤐	◌
Tzade	צ	𐤑	∽
Qoph	ק	𐤒	⊕
Resch	ר	𐤓	☺
Schin	ש	W	Ш
Taw	ת	✕	†

Zeitreisende der Thora

Es macht ganz viel Spaß mit Her Royal Roots und Bible Pathway Adventures das hebräische Alphabet zu lernen. In diesem Buch finden Sie drei verschiedene Arten von hebräischen Buchstaben: Piktogramme, Paläohebräisch und modernes Hebräisch um Ihren kleinen Torah-Wächtern dabei zu helfen, die hebräische Sprache genau so zu erleben, wie sie sich im Laufe der Zeit entwickelt hat. Und weil jedes Wort mit einem Bild in Zusammenhang steht, haben wir interaktive Malübungen hinzugefügt, damit sie sich auch daran erinnern können, was sie gelernt haben.

Piktogramme: In dieser Art der hebräischen Schrift wird die Bedeutung der einzelnen Buchstaben durch ein Bild definiert. Diese Bilder vermitteln ein greifbares Verständnis dafür, was jeder hebräische Buchstabe darstellt.

Paläohebräisch: Dies sind die hebräischen Schriftzeichen, welche die meisten der frühen Schriftsteller bis zur Zeit von Esra, dem Schriftgelehrten, und der Übernahme des aramäischen/babylonischen Schriftstils nach dem babylonischen Exil benutzt haben.

Moderne Schrift: Die meisten der heutigen Bücher sind in moderner Schrift geschrieben. Das Verständnis dieser Schrift bereitet den Schüler auf das Lesen und Lernen moderner hebräischer Texte vor. Damit kann seine hebräische Sprachreise beginnen.

Schon gewusst?

Hebräisch wird von rechts nach links geschrieben und gelesen.

Hebräisch ist eine der Originalsprachen der Bibel.

Das hebräische Alphabet hat 22 Buchstaben.

Das hebräische Alphabet hat keine Vokale.

Wenn Du Hebräisch lernst, werden den Wörtern Vokale in Form von kleinen Punkten hinzugefügt. Diese erscheinen oben, unten oder in einem Wort. Dieses System von Punkten und Strichen (genannt nikkudot oder nikkud) zeigt Dir, wie man ein hebräisches Wort ausspricht.

הִיפּוֹפּוֹטָם

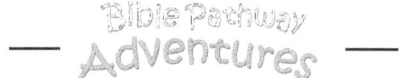

Alef

Der Ochse war ein sehr wichtiges Tier für das hebräische Volk. Der Ochse pflügte ihre Felder, was ihnen dabei half, Nahrung für ihre Familien anzubauen.

Alef

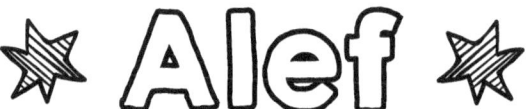

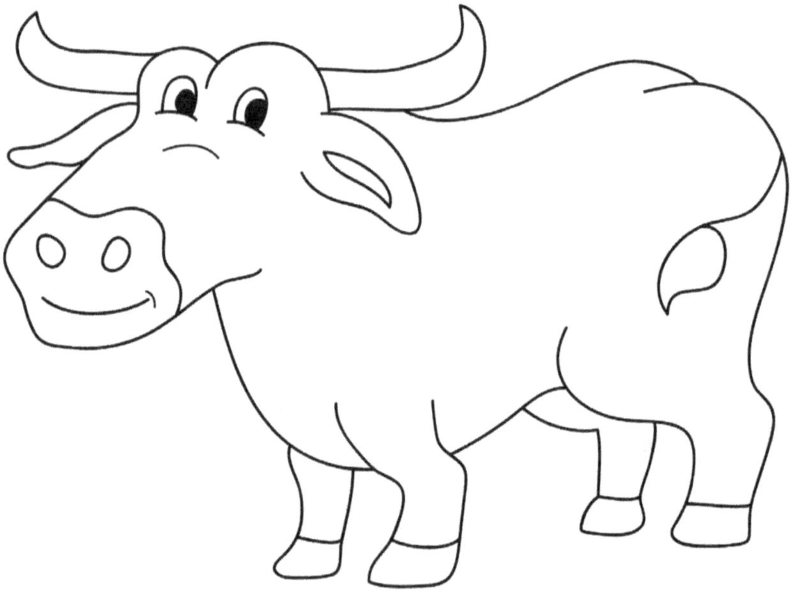

Ochse

Stärke

Anführer

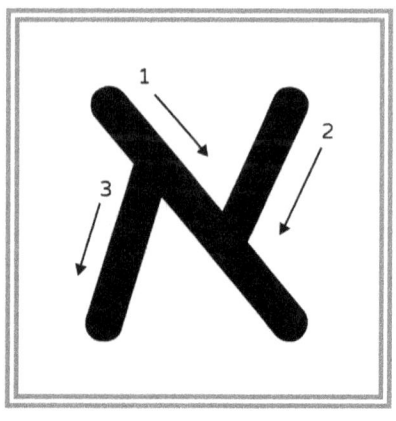

modern

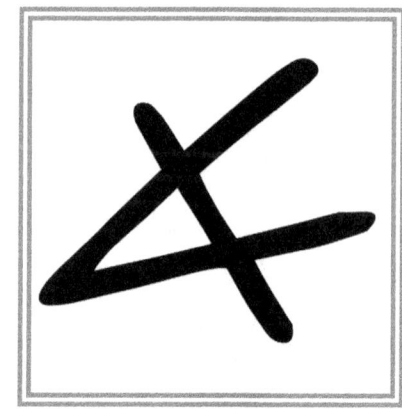

paläo

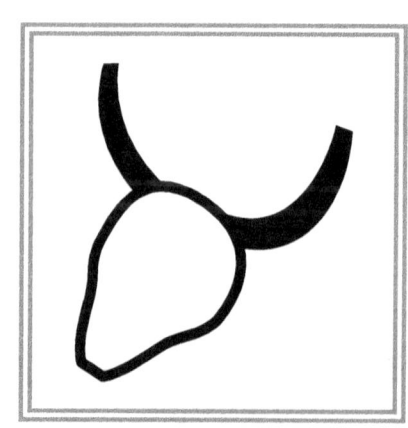

piktogramm

Lasst uns schreiben!

In den folgenden Zeilen könnt ihr üben, die hebräischen Buchstaben zu schreiben.

✶ Bet ✶

Die Hebräer haben in Ziegenhaarzelten gelebt. Ihre Zelte waren in zwei Teile aufgeteilt - ein Teil für die Männer und der andere für die Frauen. Das Haus war ein Ort des Schutzes für die Familie.

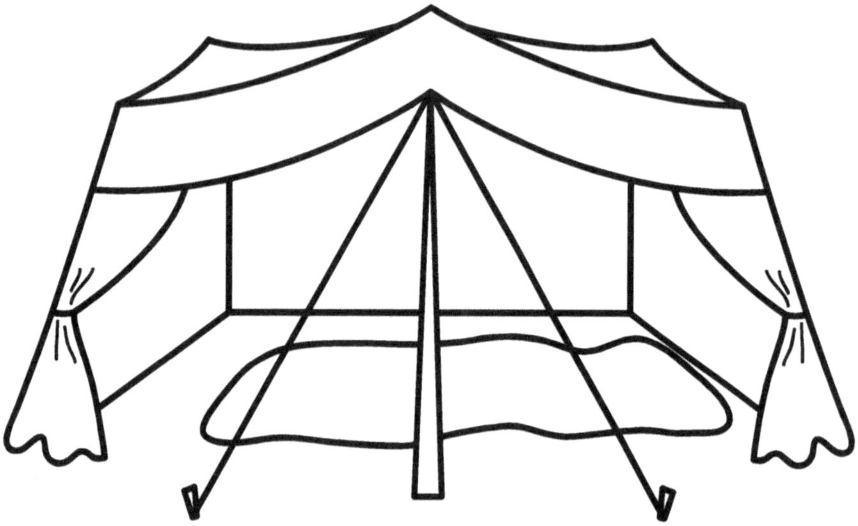

Bet

Haus

Zelt

Innen

modern

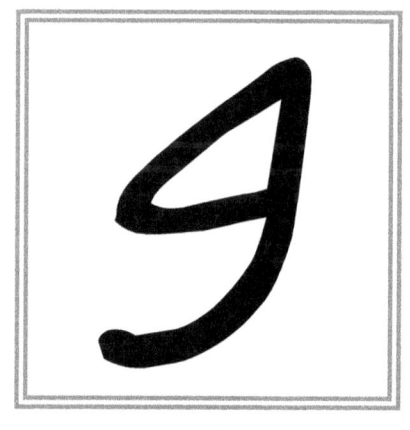

paläo

piktogramm

Lasst uns schreiben!

In den folgenden Zeilen könnt ihr üben, die hebräischen Buchstaben zu schreiben.

Gimel

Der Buchstabe Gimel stellt sowohl einen Fuß als auch ein Kamel dar. Was haben Füße und Kamele gemeinsam? So wie die Füße den Körper tragen, wurden Kamele dazu verwendet, das Hab und Gut des hebräischen Volkes zu tragen.

Gimel

Fuß

Kamel

Stolz

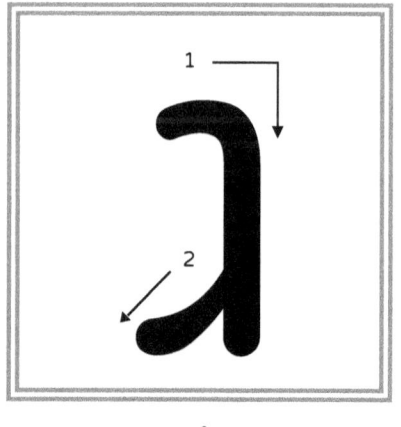
modern

paläo

piktogramm

 # Lasst uns schreiben!

In den folgenden Zeilen könnt ihr üben, die hebräischen Buchstaben zu schreiben.

Daleth

Genau wie unsere heutigen Häuser hatten auch die hebräischen Zelte eine Tür. Die Tür bestand aus einem Vorhang und hing an einer horizontalen Stange, welche den Eingang zu den Zelten verdeckte.

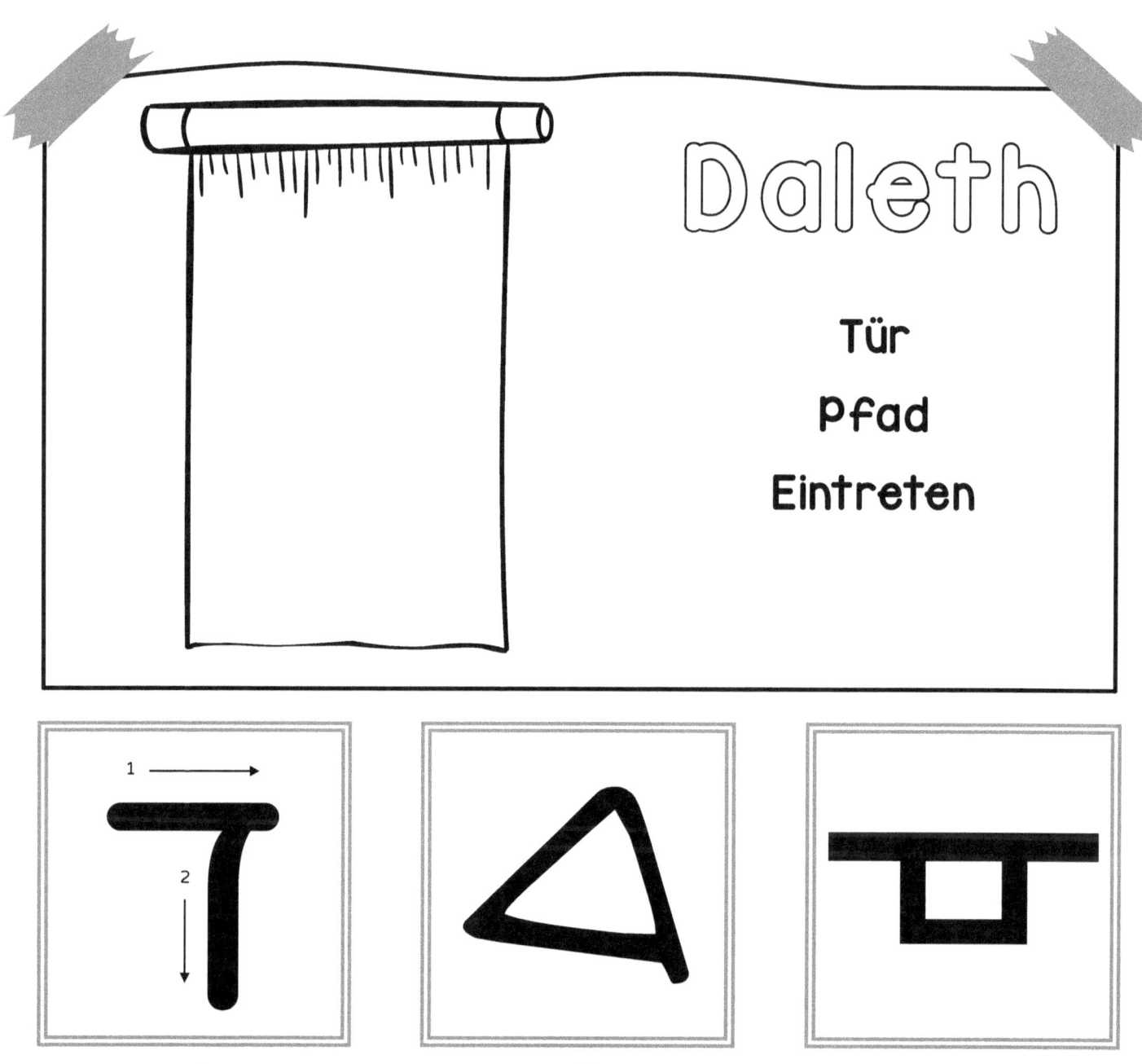

Daleth

Tür

Pfad

Eintreten

modern   paläo   piktogramm

Lasst uns schreiben!

In den folgenden Zeilen könnt ihr üben, die hebräischen Buchstaben zu schreiben.

He

Der Buchstabe He stellt einen Mann mit erhobenen Händen dar. Er schaut auf etwas Wunderbares und wartet auf Anweisungen. Das hebräische Volk wartete darauf, dass Jah ihnen sagte, wohin sie gehen sollten.

He

Aufsehen

Auf Anweisungen warten

Der/Die/Das

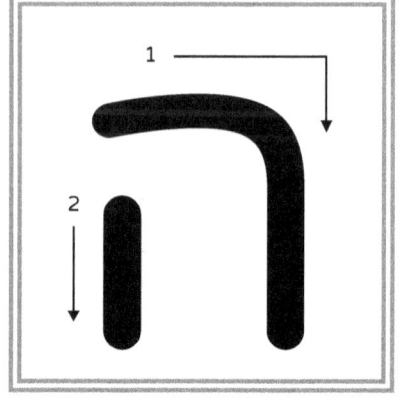

modern

paläo

piktogramm

Lasst uns schreiben!

In den folgenden Zeilen könnt ihr üben, die hebräischen Buchstaben zu schreiben.

✶ Waw ✶

Zeltpflöcke wurden von den Hebräern benutzt, um sicherzustellen, dass ihre Zelte nicht wegflogen oder umfielen. Die Pflöcke wurden sicher im Boden platziert und hielten die Zelte bei Wind und Sturm fest.

Waw

Nagel

Pflock

Verbinden

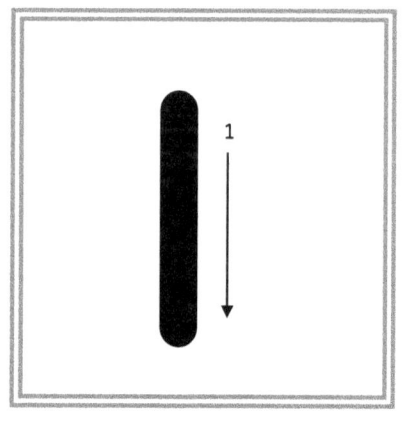

modern

paläo

piktogramm

Lasst uns schreiben!

In den folgenden Zeilen könnt ihr üben, die hebräischen Buchstaben zu schreiben.

✶ Zajin ✶

Eine Hacke ist ein landwirtschaftliches Werkzeug, das dazu verwendet wird, die Felder zu pflügen und den Boden für den Anbau von Pflanzen vorzubereiten. Die Hacke wurde auch zum Abschneiden von Pflanzen und als Waffe zur Abwehr von Feinden benutzt.

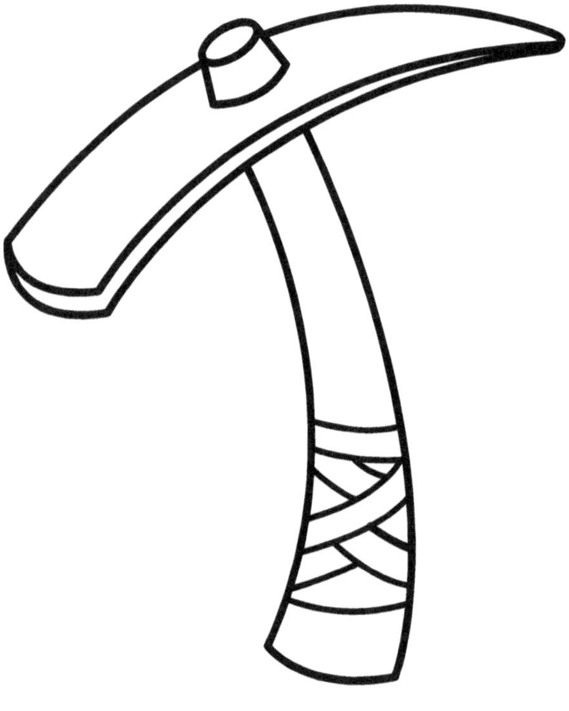

Zajin

Pflügen

Waffe

Abschneiden

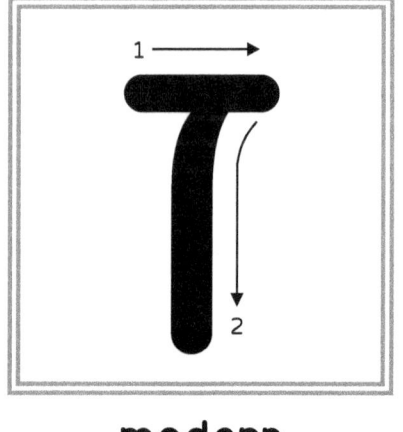

modern

paläo

piktogramm

Lasst uns schreiben!

In den folgenden Zeilen könnt ihr üben, die hebräischen Buchstaben zu schreiben.

Chet

Die Zeltwand wurde dazu verwendet, das Haus in Bereiche für Männer und Frauen abzuteilen. Außerdem umgab die Zeltwand das Haus, um das Innere vor Gefahren außerhalb des Hauses zu schützen.

Chet

Zeltwand

Zaun

Trennen

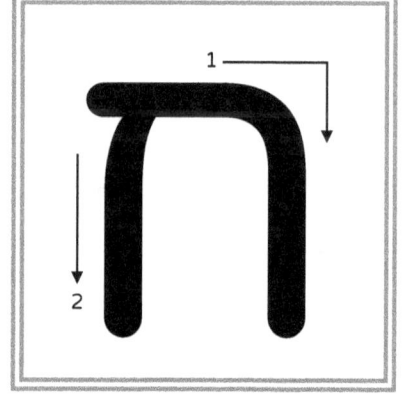
modern

paläo

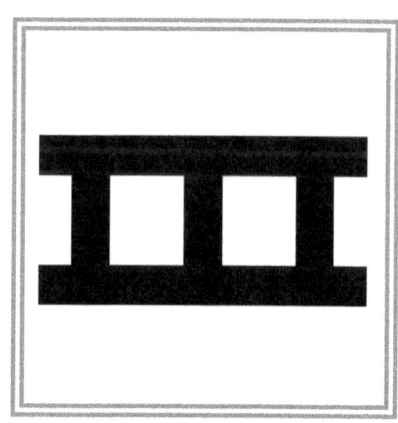
piktogramm

Lasst uns schreiben!

In den folgenden Zeilen könnt ihr üben, die hebräischen Buchstaben zu schreiben.

★ Tet ★

Körbe waren wichtig, da die Hebräer keine Kühlschränke hatten. Lebensmittel und Wertsachen wurden in Körben aufbewahrt.

Tet

Korb
Schlange
Umgeben

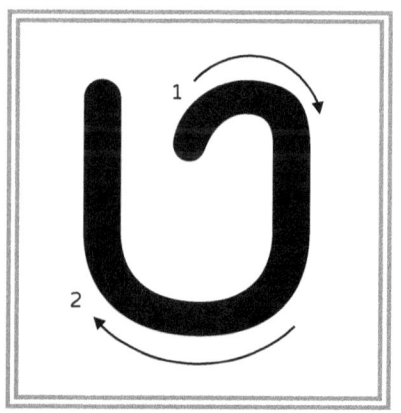
modern

paläo

piktogramm

Lasst uns schreiben!

In den folgenden Zeilen könnt ihr üben, die hebräischen Buchstaben zu schreiben.

✭ Jod ✭

Das Jod ist eine Hand. Die Hand ist Teil deines Körpers. Die Hand ermöglicht es uns füreinander zu sorgen und einander zu helfen.

Jod

Arm

Hand

Arbeit

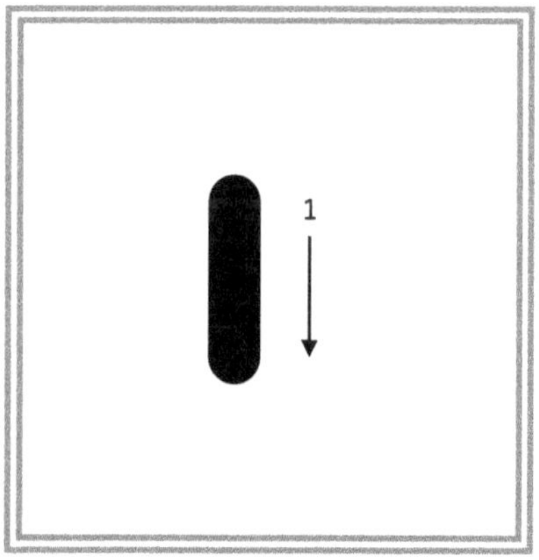

modern

paläo

piktogramm

 # Lasst uns schreiben!

In den folgenden Zeilen könnt ihr üben, die hebräischen Buchstaben zu schreiben.

Kaph

Sieh dir deine Handflächen an! Wenn du sie so hältst, wie abgebildet, sind deine Hände wie zwei Tassen, die speziell von Jah hergestellt wurden, um Seine Segnungen zu empfangen.

Kaph

Handfläche

Offen

Segen

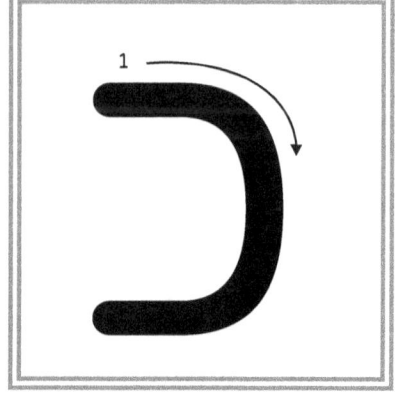

modern

paläo

piktogramm

Lasst uns schreiben!

In den folgenden Zeilen könnt ihr üben, die hebräischen Buchstaben zu schreiben.

Lamed

Ein Stab wurde von Hirten benutzt, um die Schafe zu schützen und zu führen. In der hebräischen Kultur war die Person mit dem Hirtenstab der Chef.

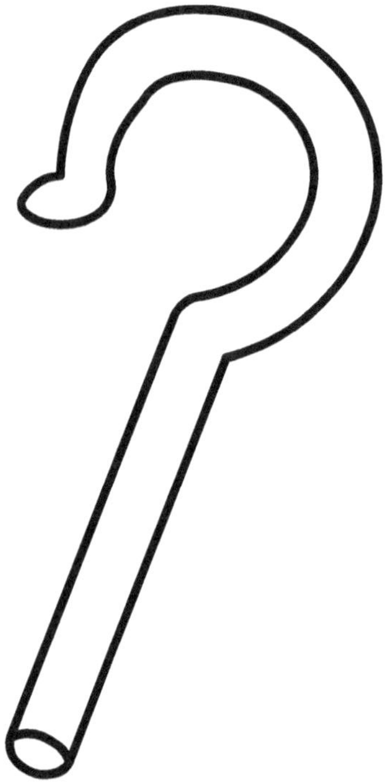

Lamed

Stab

Kontrolle

Führen

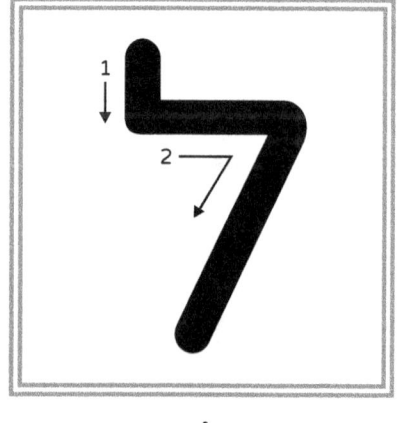
modern

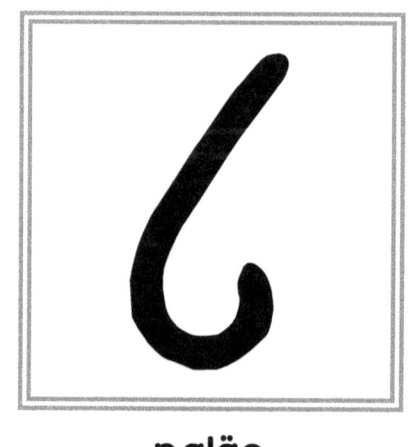
paläo

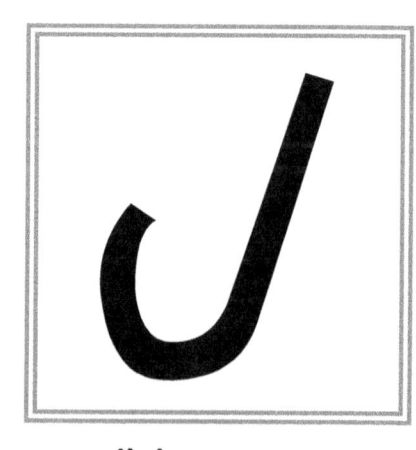
piktogramm

 # Lasst uns schreiben!

In den folgenden Zeilen könnt ihr üben, die hebräischen Buchstaben zu schreiben.

✶ Mem ✶

Das Wasser ist ein wichtiger Bestandteil des Lebens. Mem steht für Wasser, das sich wie ein Fluss oder ein Bach bewegt. Es beschreibt das Blut, das von unserem Herzen gepumpt wird, um wichtige Dinge in unserem Körper zu transportieren.

Mem

Wasser
Bewegung

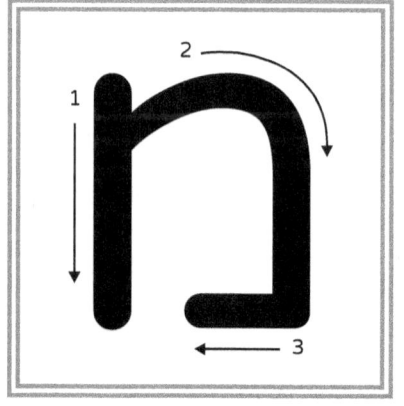
modern

paläo

piktogramm

Lasst uns schreiben!

In den folgenden Zeilen könnt ihr üben, die hebräischen Buchstaben zu schreiben.

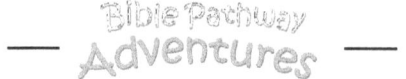

Nun

Nun steht für Samen und Leben. Saatgut wird in den Boden gepflanzt, um Obst und Gemüse anzubauen. Saatgut repräsentiert auch Menschen. Über Generationen haben die Menschen durch das Saatgut das Leben der Hebräer erhalten.

Nun

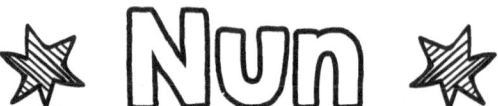

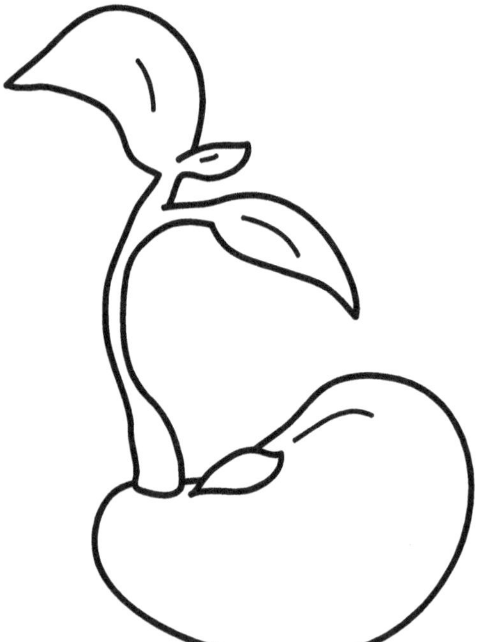

Saatgut

Aktivität

Leben

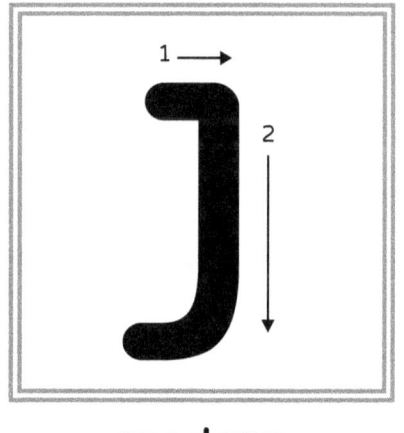

modern

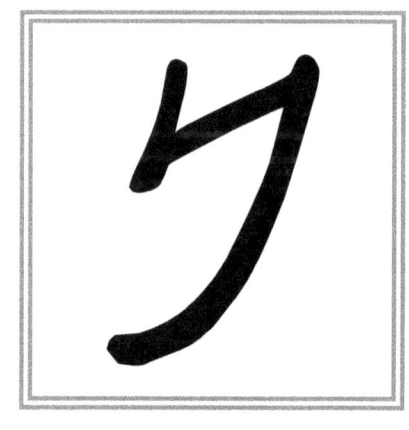

paläo

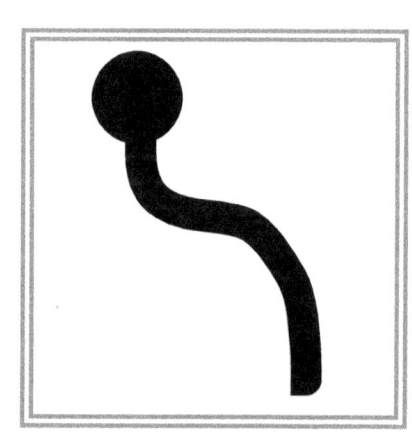

piktogramm

Lasst uns schreiben!

In den folgenden Zeilen könnt ihr üben, die hebräischen Buchstaben zu schreiben.

✶ Samech ✶

Samech ist ein Dorn. Dornen stechen. Wenn jemand auf einen Dorn tritt, so wird er sich nach ihm umdrehen. Dornen wurden als Zäune verwendet, um die Schafe vor Raubtieren zu schützen, während sie grasten.

Samech

Dornen

Umdrehen

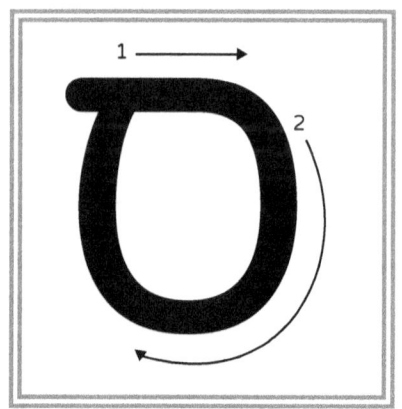
modern

paläo

piktogramm

Lasst uns schreiben!

In den folgenden Zeilen könnt ihr üben, die hebräischen Buchstaben zu schreiben.

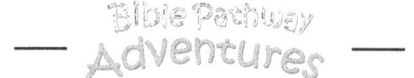

Ayin

Durch das Auge sehen wir die Welt. Im Hebräischen werden die Augen durch ein einziges Auge dargestellt. Der Grund dafür ist, dass wir nur ein Bild sehen, obwohl wir zwei Augen haben.

Ayin

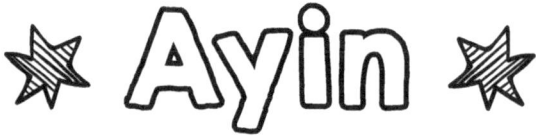

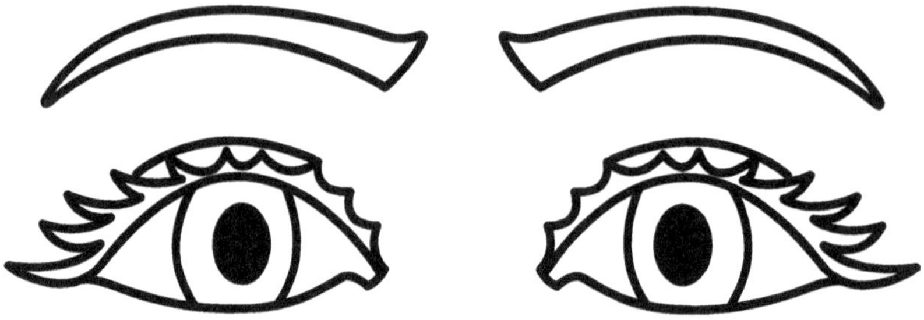

Auge

Sehen

Erfahren

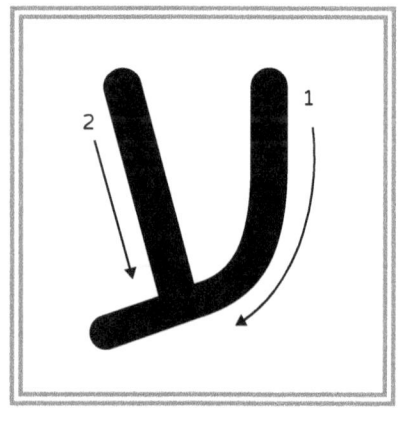

modern

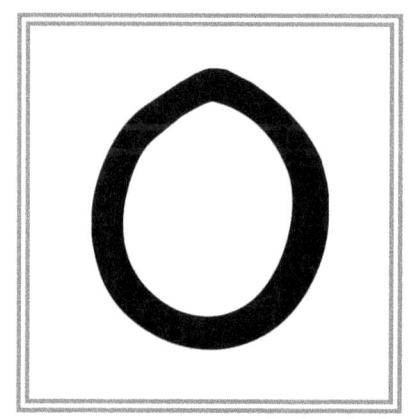

paläo

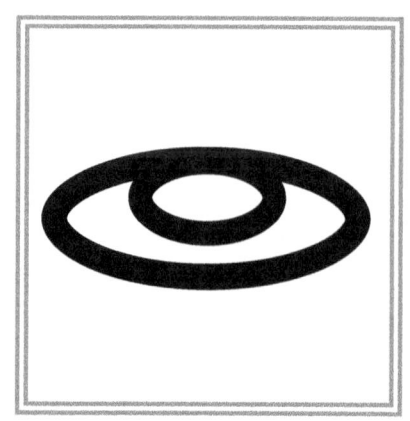

piktogramm

Lasst uns schreiben!

In den folgenden Zeilen könnt ihr üben, die hebräischen Buchstaben zu schreiben.

Pe

Der Mund wird zum Schmecken und Sprechen verwendet. Was wir in den Mund stecken, hilft unseren Körpern, sich besser zu fühlen. Was wir mit unserem Mund sagen, sollte auch anderen Menschen ein besseres Gefühl geben.

pe

Mund

Öffnen

Sprechen/Blasen

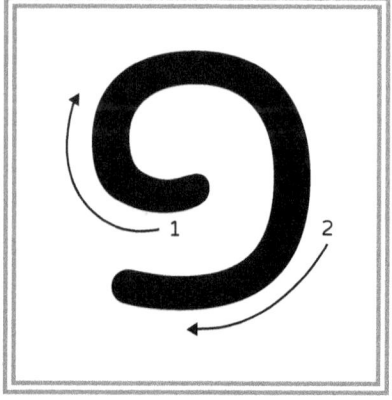

modern

paläo

piktogramm

Lasst uns schreiben!

In den folgenden Zeilen könnt ihr üben, die hebräischen Buchstaben zu schreiben.

✦ Tzade ✦

Das Tzade ist ein Bild einer Person, die wartet oder jagt. Der Jäger muss jagen, um zu überleben. In der hebräischen Kultur jagte eine Person nur, um zu überleben.

Tzade

Folgen

Bedarf

Jagen

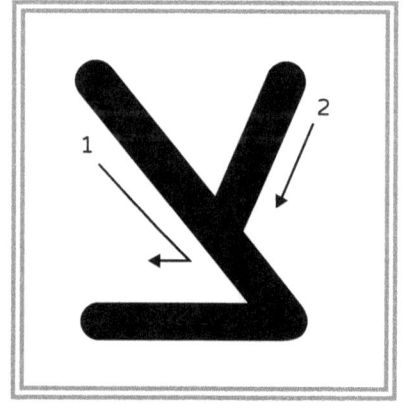

modern

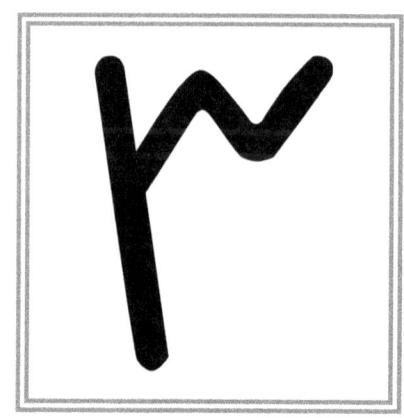

paläo

piktogramm

Lasst uns schreiben!

In den folgenden Zeilen könnt ihr üben, die hebräischen Buchstaben zu schreiben.

Qoph

Das Qoph ist ein Bild der Sonne am Horizont oder der Ansammlung des Lichts. Ein Sonnenuntergang ist die Ansammlung von Licht an einem Ort, welche uns mitteilt, dass der Tag vorbei ist.

Qoph

Sonnenuntergang

Hinter

Jenseits

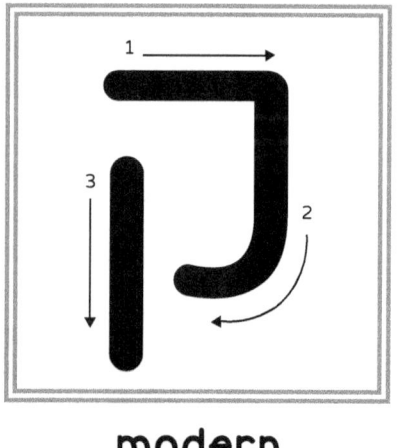
modern

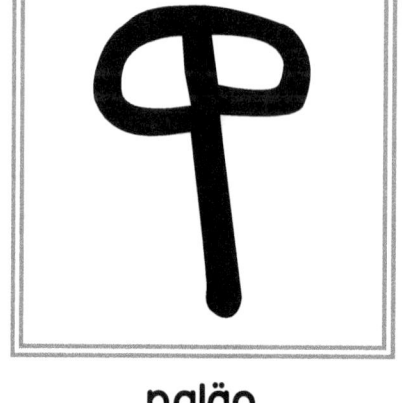
paläo

piktogramm

 # Lasst uns schreiben!

In den folgenden Zeilen könnt ihr üben, die hebräischen Buchstaben zu schreiben.

✶ Resch ✶

Der Kopf einer Person kontrolliert den ganzen Körper. Der Kopf befindet sich oberhalb des Körpers. Im Hebräischen kann das Resch etwas darstellen, das zuerst oder am Anfang steht.

Resch

Kopf

Person

Zuerst

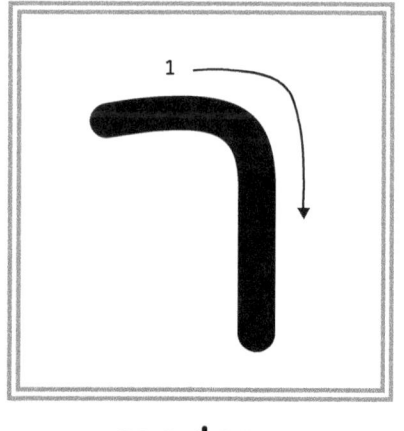

modern

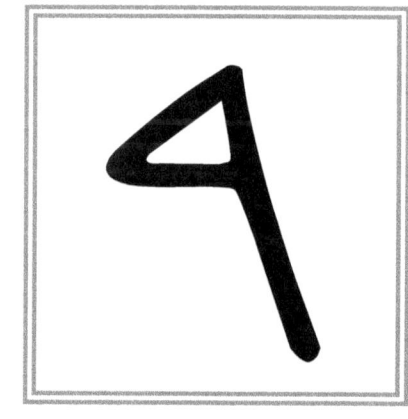

paläo

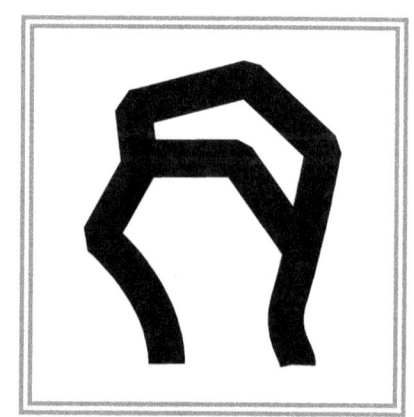

piktogramm

Lasst uns schreiben!

In den folgenden Zeilen könnt ihr üben, die hebräischen Buchstaben zu schreiben.

✦ Schin ✦

Zähne werden dazu verwendet, unsere Nahrung zu trennen. Und Nahrung wird verwendet, um unseren Körper zu ernähren, damit wir groß und stark werden. Das Schin verbildlicht Trennung und Ernährung.

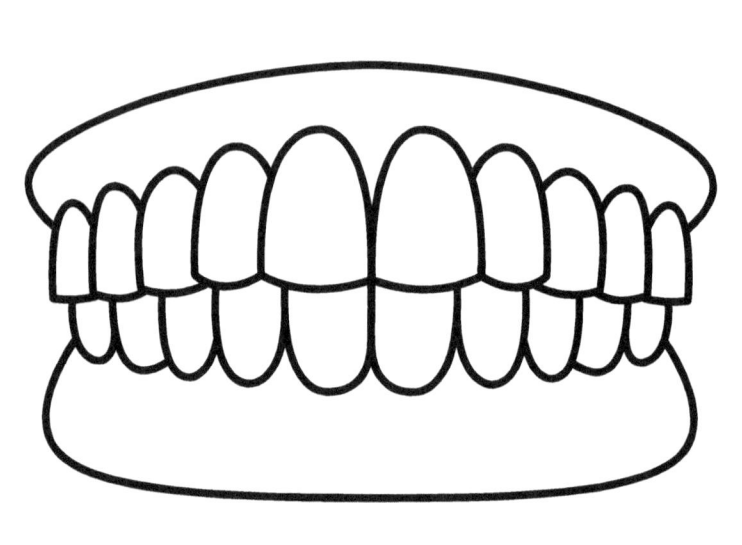

Schin

Essen

Zerstören

Trennen

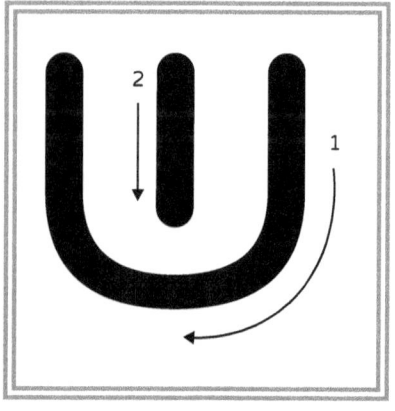

modern

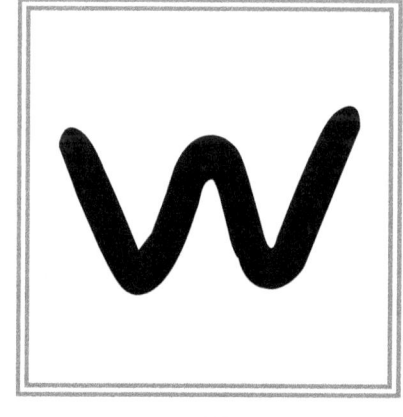

paläo

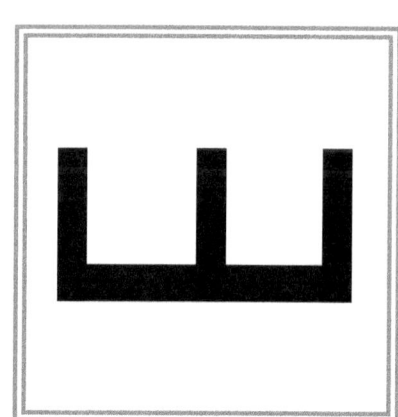

piktogramm

Lasst uns schreiben!

In den folgenden Zeilen könnt ihr üben, die hebräischen Buchstaben zu schreiben.

Taw

Das Taw ist ein Bild von zwei gekreuzten Stäben. Diese Stäbe wurden positioniert, um einer Person zu zeigen, dass sie an einem besonderen Ort angekommen ist. Die Stäbe wurden als Erinnerung an eine Vereinbarung zwischen zwei Personen verwendet.

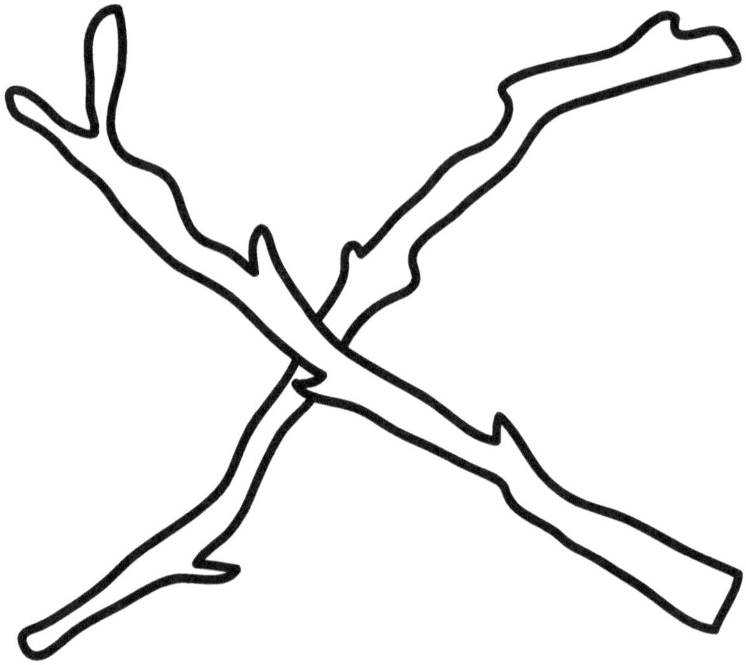

Taw

Markierung

Schild

Bund

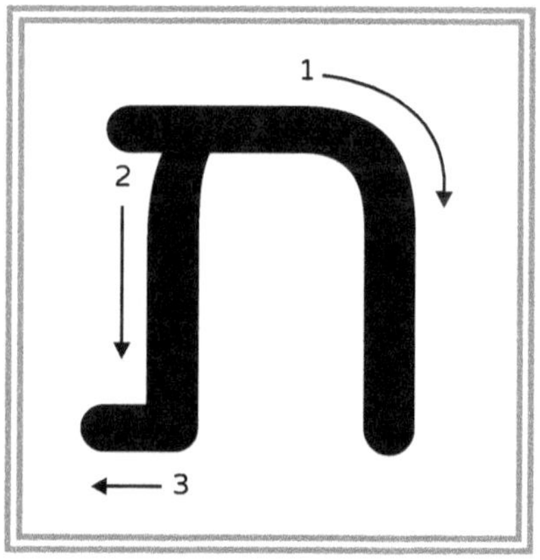

modern	 paläo	 piktogramm

 # Lasst uns schreiben!

In den folgenden Zeilen könnt ihr üben, die hebräischen Buchstaben zu schreiben.

Weitere Übungsbücher entdecken!

Zu erwerben unter shop.biblepathwayadventures.com

SOFORT DOWNLOADS!

Übungsbuch zu den wöchentlichen Thoraportionen
Rein und Unrein – Übungsbuch
Die Frühlingsfeste – Übungsbuch
Die Herbstfeste – Übungsbuch
Bereschit / 1. Mose
Schemot / 2. Mose
Wajikra / 3. Mose
Bemidbar / 4. Mose

www.ingramcontent.com/pod-product-compliance
Lightning Source LLC
LaVergne TN
LVHW060337080526
838202LV00053B/4492